FONTAINES DE PARIS

NOUVELLE ÉDITION

EN

QUARANTE-HUIT PLANCHES

GRAVÉES AU TRAIT

PARIS

BANCE, ÉDITEUR, 13, RUE BONAPARTE

EN FACE L'ÉCOLE DES BEAUX-ARTS

Paris. — Imprimé chez Bonaventure et Ducessois, 55, quai des Grands-Augustins.

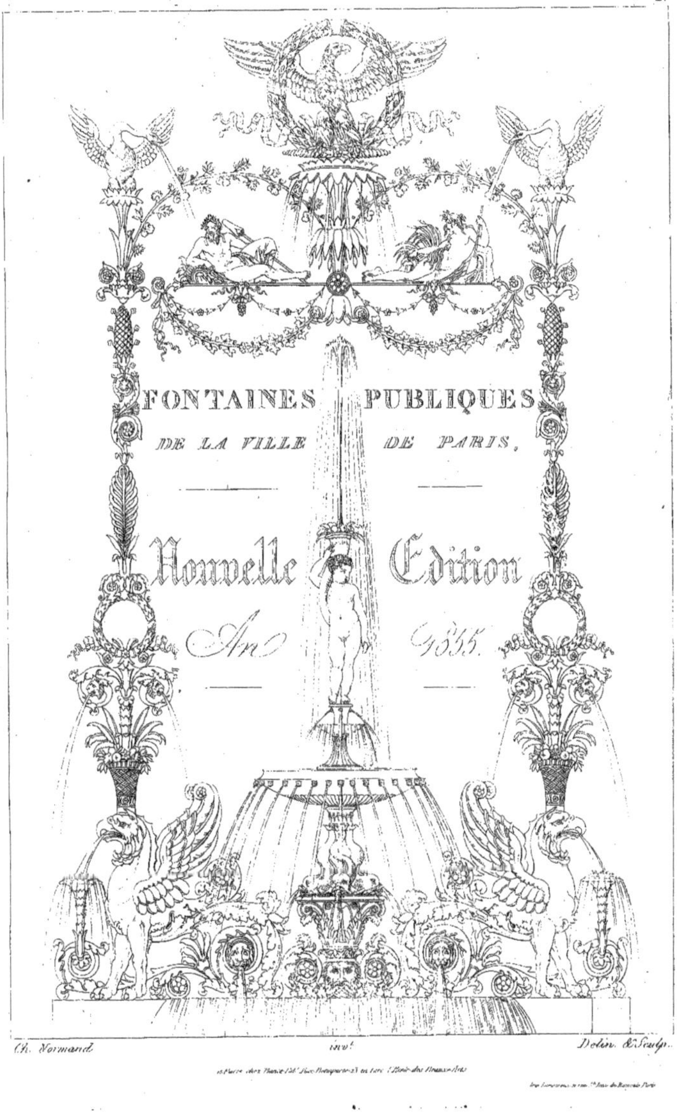

Ch. Normand inv.t

Delin. & Sculp.

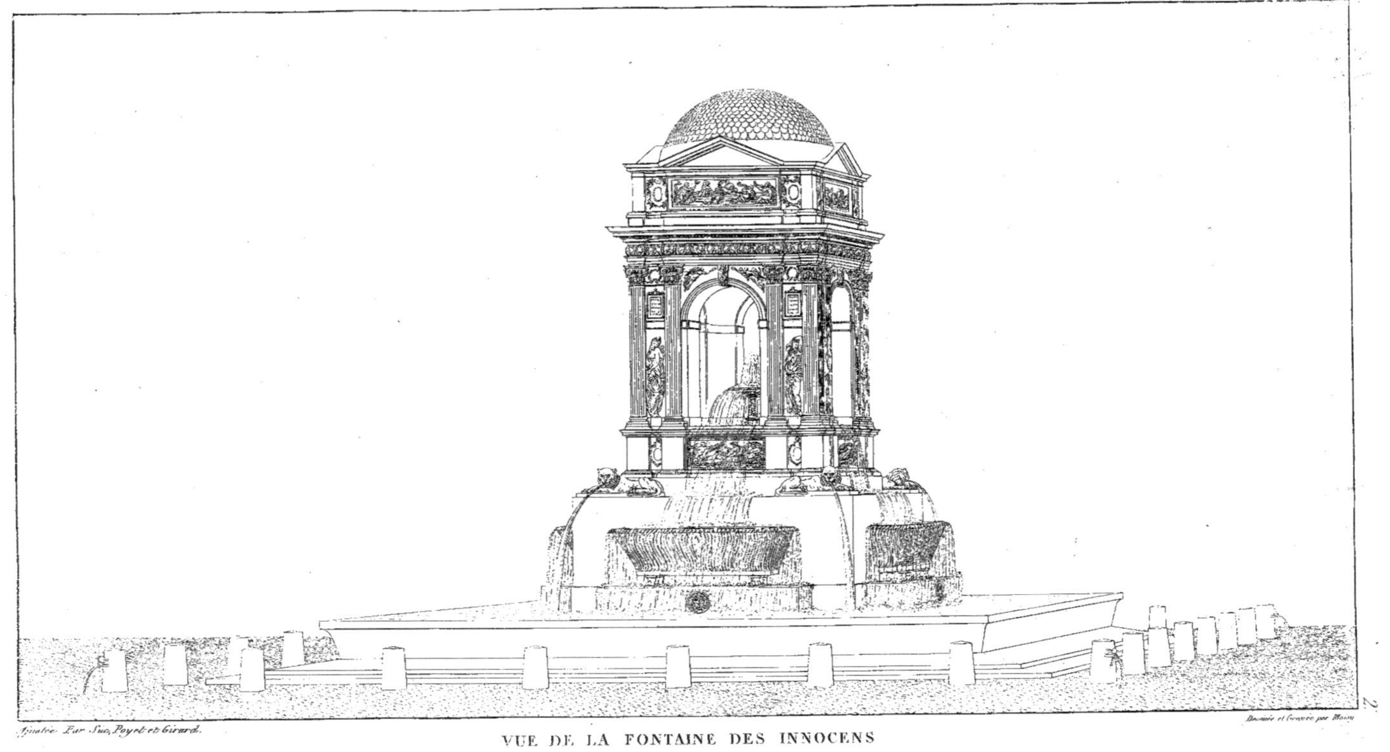

Gravé par Suc, Poyet et Girard.

Dessiné et Gravé par Mᵒⁿⁱⁿ

VUE DE LA FONTAINE DES INNOCENS

prise de la rue S.ᵗ Denis près celle aux fers.

FONTAINE ACTUELLE DES INNOCENS,
au milieu de la d.te Place.

Le Plan et Fig. C. Pl. 17.

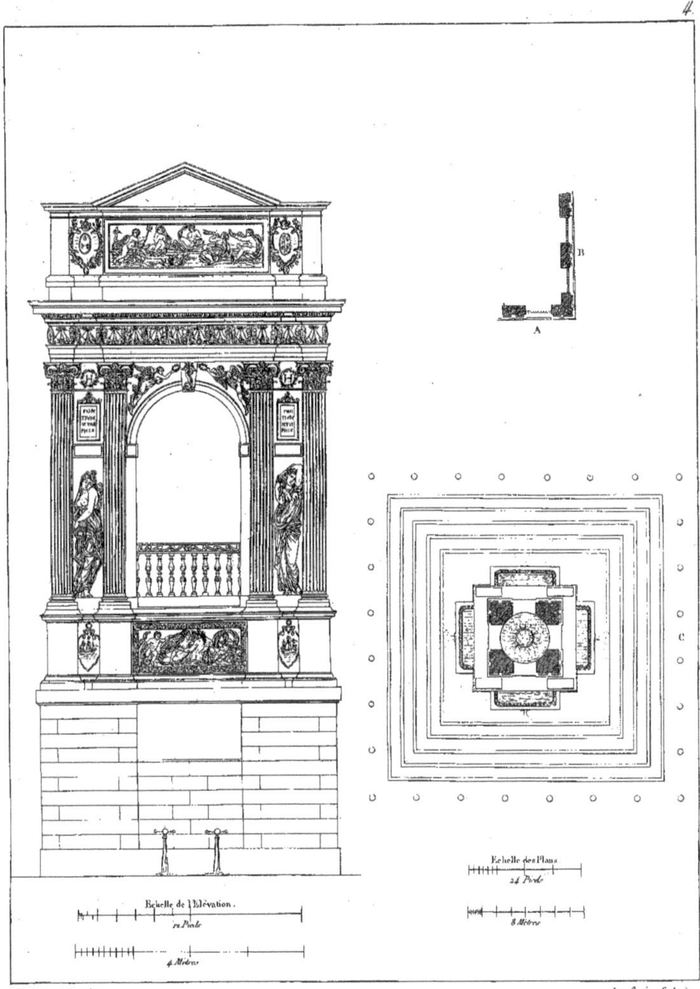

FONTAINE DES INNOCENS.

Coté de la rue St Denis.

A B. Plan de l'ancienne fontaine : A coté de la rue St Denis B coté de la rue Aux Fers.
C Plan de la fontaine actuelle des Innocens ; voyez la Planche 10.

FONTAINE DES INNOCENS,
Côté de la rue Aux-Fers.

L'Ajustement actuel de la ditte fontaine est Planche 16. les Plans sont Pl. 17.

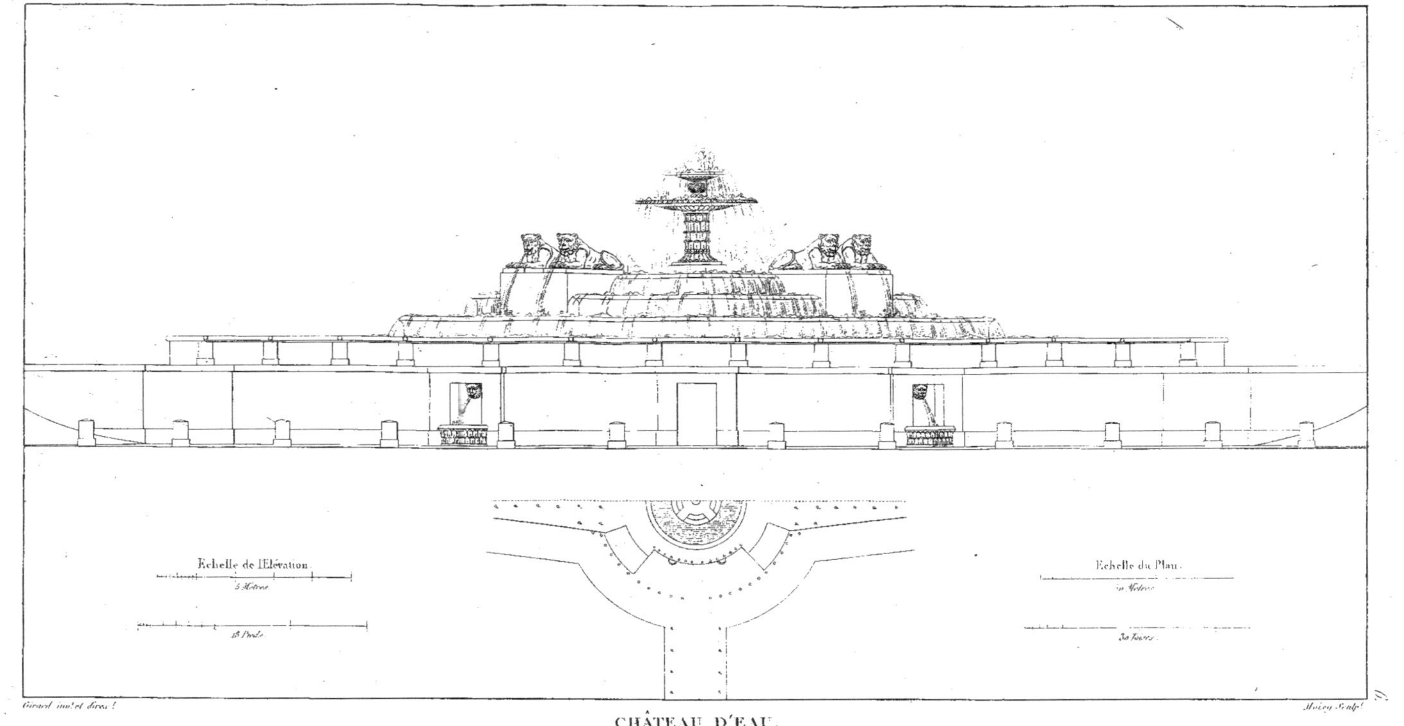

CHÂTEAU D'EAU,
sur l'Esplanade du Boulevard Bondy.

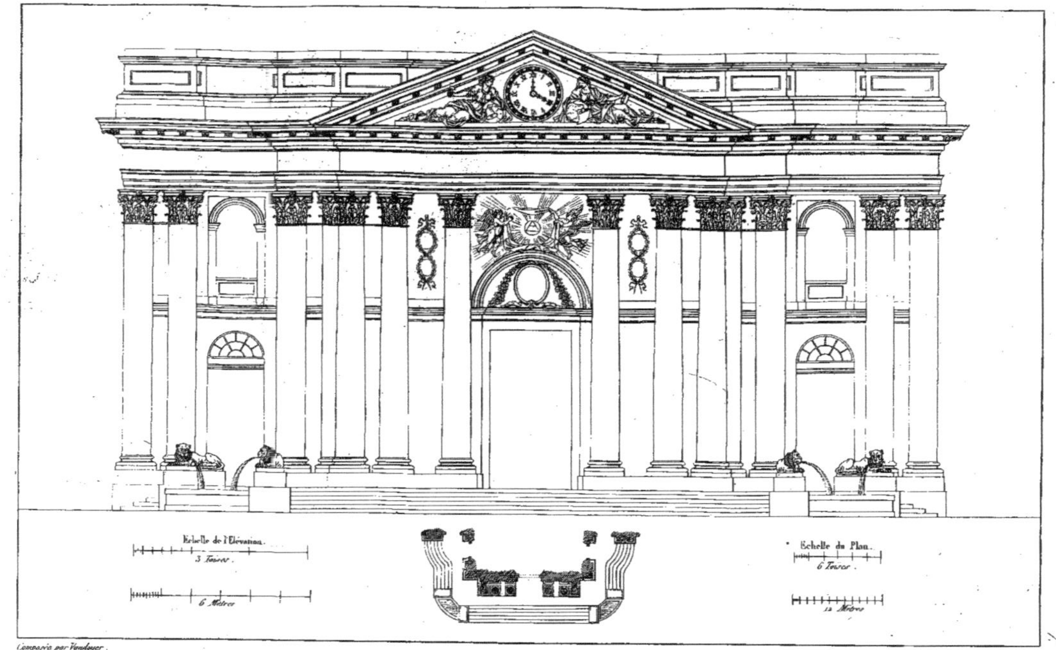

FONTAINE DU PALAIS DE L'INSTITUT ROYAL.
ci-devant 4 Nations.

COLONNE DE LA PLACE DU CHATELET.

FONTAINE DE LA POINTE S^t. EUSTACHE.

FONTAINE DE LA RUE POPINCOURT, vis-à-vis celle St. Ambroise.

FONTAINE DE LA PLACE DES INVALIDES.

FONTAINE DE LA COUR BATAVE.

Rue St Denis.

Y. Desbrosses inuenit.

Ramey et Duvet Sculpsit.

FONTAINE OU GROTTE DU JARDIN DU LUXEMBOURG.

FONTAINE DE GRENELLE.

FONTAINE DESAIX.

Place Dauphine.

CHÂTEAU D'EAU
Place du Palais Royal.

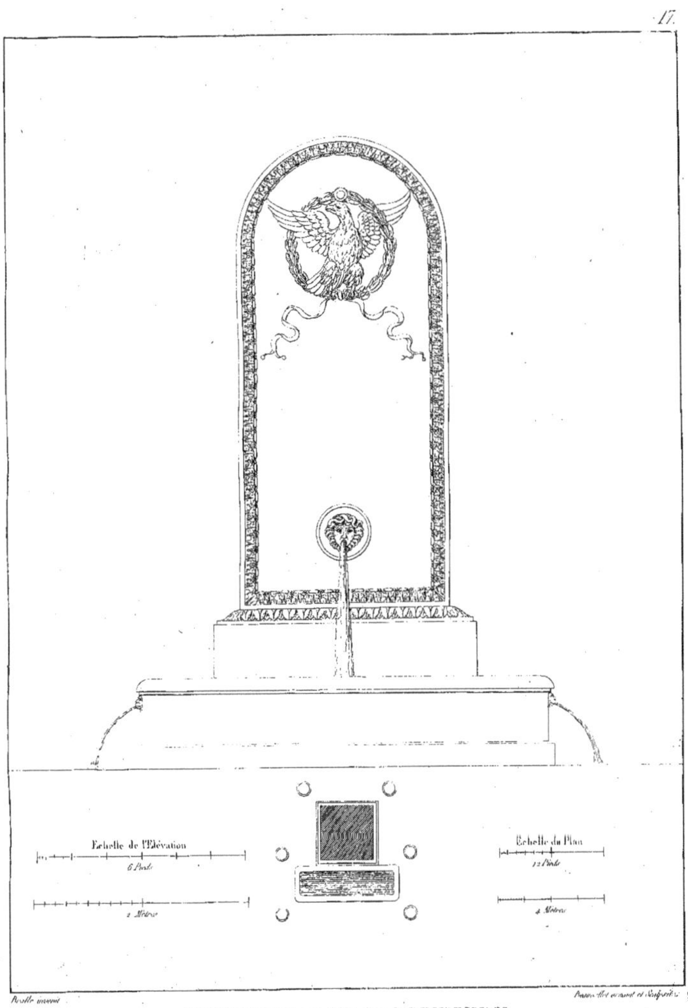

FONTAINE DE LA RUE DU JARDIN DU ROI

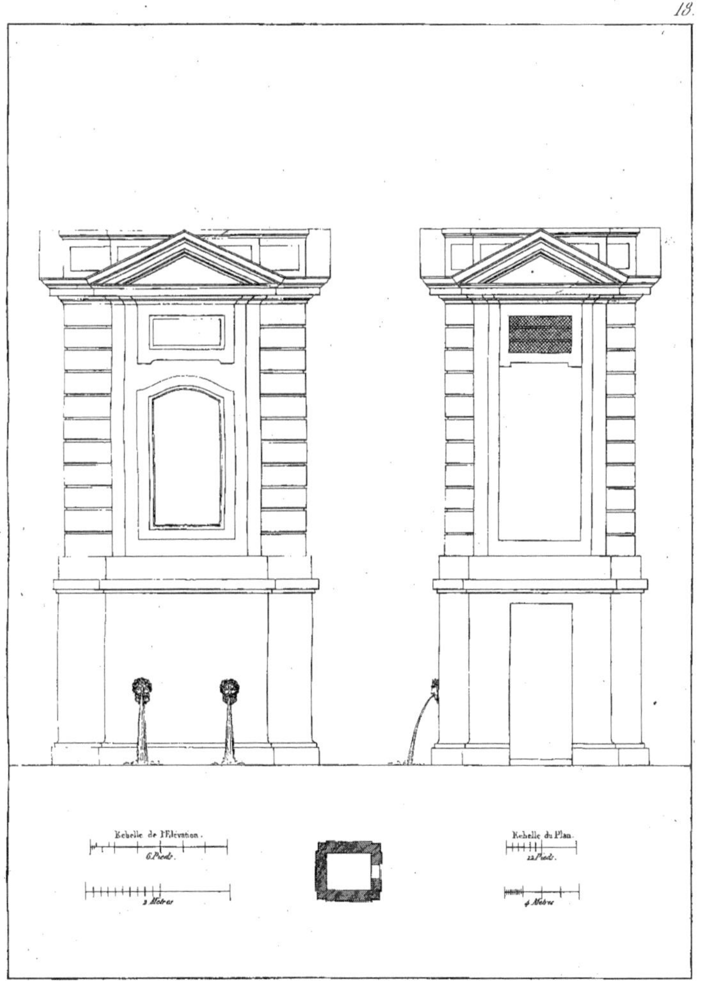

FONTAINE DU MARCHÉ S.T JEAN.

FONTAINE D'ANTIN,

au coin des rues du Port Mahon et de la Michaudiere.

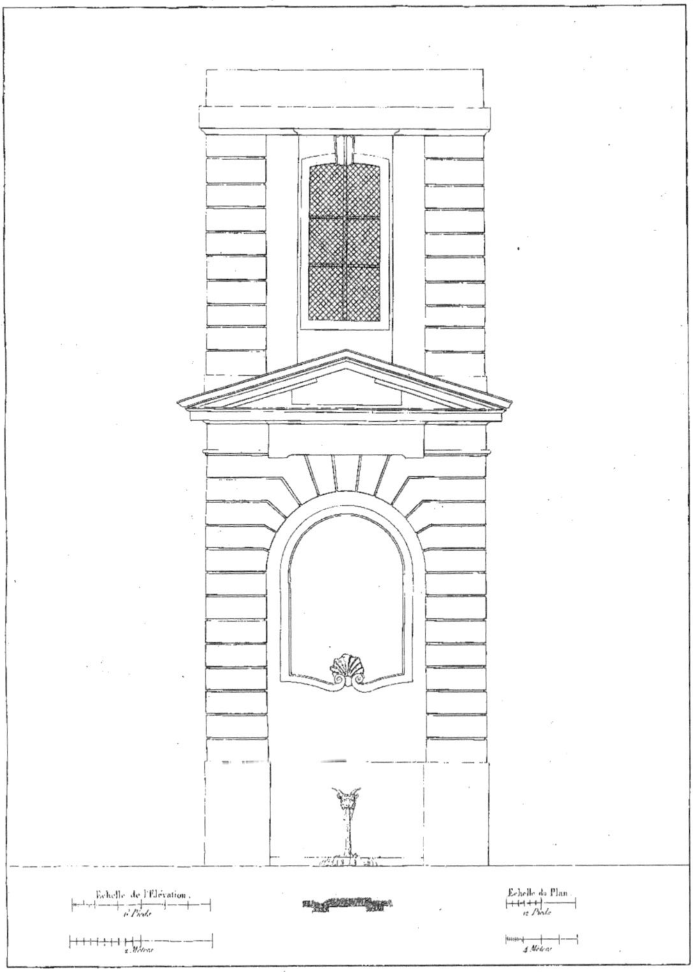
Echelle de l'Elévation.
6 Pieds
2 Mètres
Echelle du Plan
12 Pieds
4 Mètres

FONTAINE DES CAPUCINS.

Rue S.t Honoré en face de la Place Vendome.

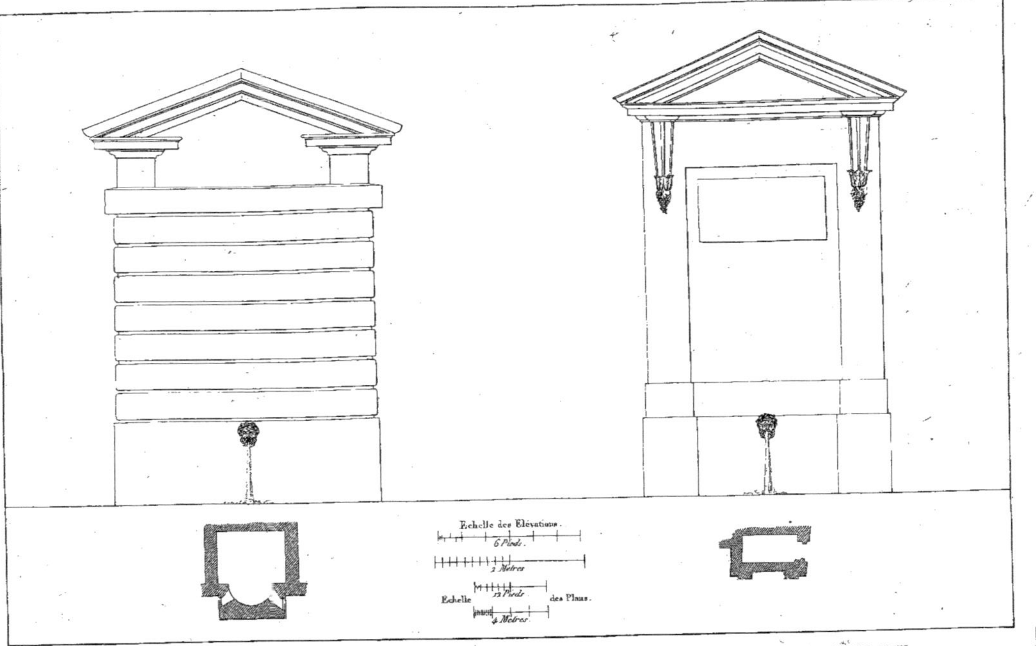

FONTAINE DE LA CHARITÉ,
Rue Taranne.

FONTAINE DES BLANCS MANTEAUX,
Rue des Blancs Manteaux au coin de celle des Guillelmites.

FONTAINE DES AUDRIETTES
au coin des rues des Audriettes et celle du Chaume.

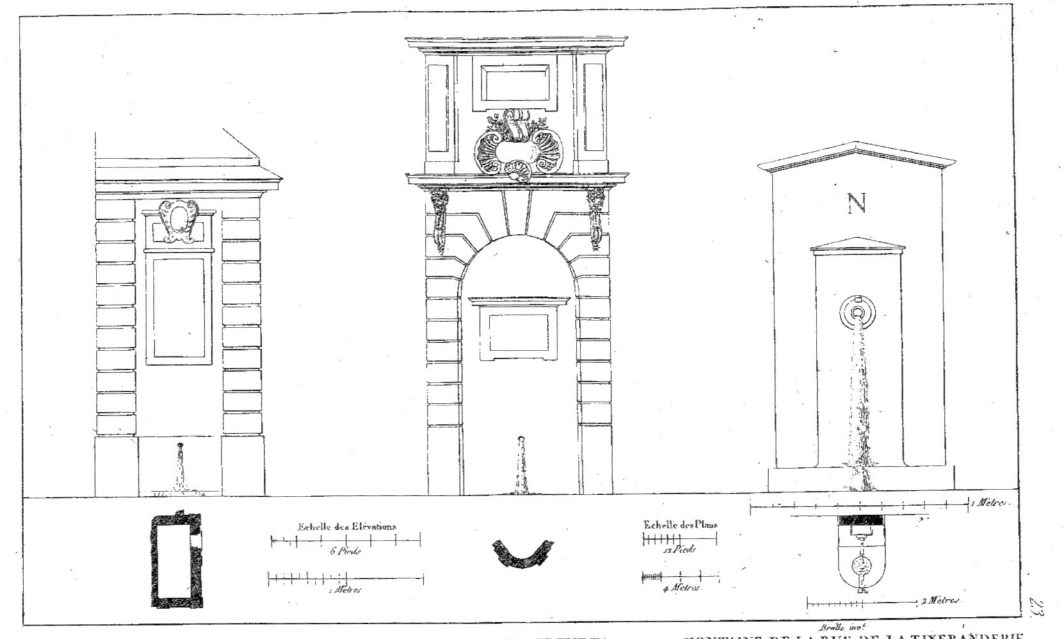

FONTAINE DU PONCEAU.

au coin des rues St Denis et du Ponceau.

FONTAINE GRENETA

au coin des rues Greneta et St Denis.

FONTAINE DE LA RUE DE LA TIXERANDERIE.

au coin de celle des Vieilles Garnisous.

23

FONTAINE DU COLLÈGE DE FRANCE,
Place Cambray.

FONTAINE St AVOYE,
Rue St Avoye.

FONTAINE RUE St MARTIN,
au coin de celle Maubué.

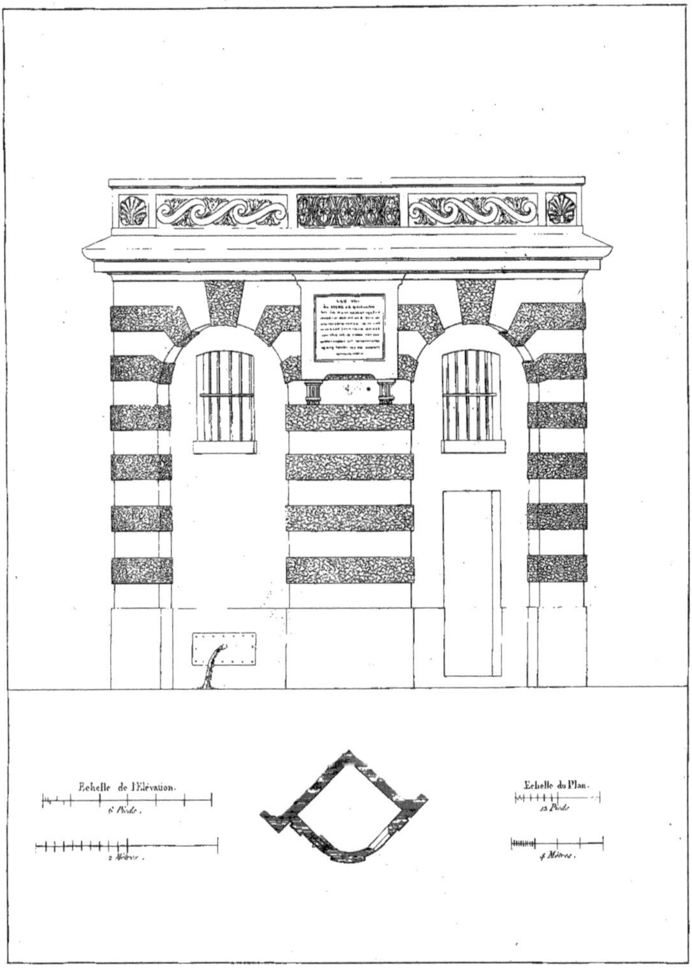

FONTAINE POT DE FER.

au coin des rues Mouffetard et Pot de Fer.

FONTAINE DU GROS CAILLOU.

FONTAINE St. SEVERIN.

Rue St. Jacques au coin de celle St. Severin.

Brallte invenit.   Levalloir Ornant et Sculpsit.

FONTAINE DE LA RUE CENSIER, au coin de celle Mouffetard.

FONTAINE

du Marché des Carmes.

FONTAINE DE LA RUE DE SEVE D.^{TE} DES INCURABLES.

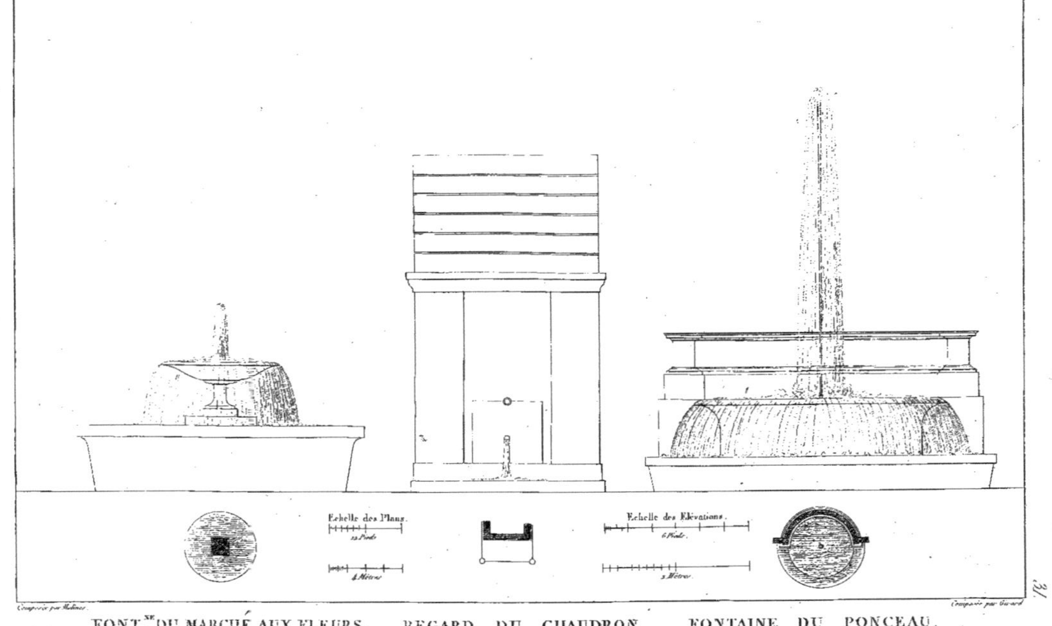

FONT.^{ne} DU MARCHÉ AUX FLEURS.   REGARD DU CHAUDRON.   FONTAINE DU PONCEAU.

Quai Desaix.   Rue du Faub.^g St Martin.   Rue des Egouts St Martin.

FONTAINE St. MARTIN.
Rue St. Martin.

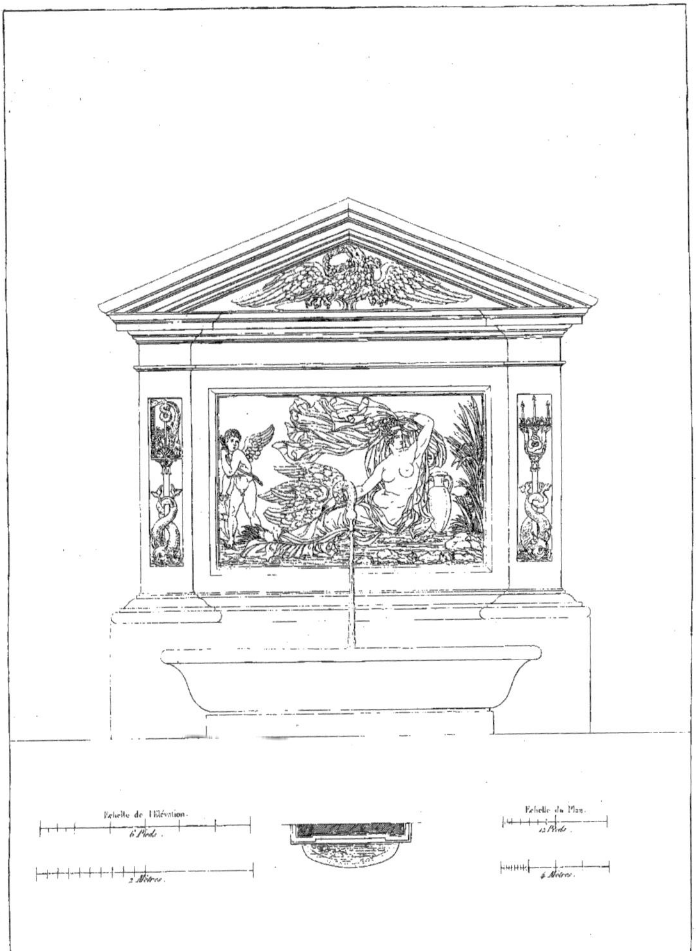

FONTAINE DE LA RUE DE VAUGIRARD,
au coin de celle du Regard.

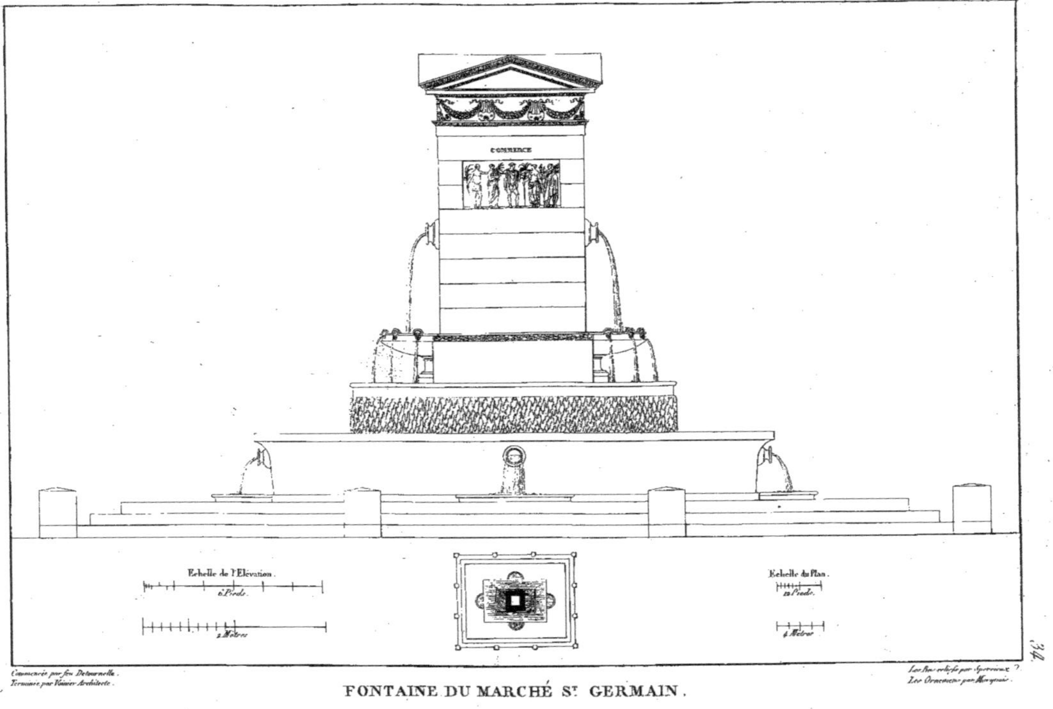

FONTAINE DU MARCHÉ St. GERMAIN.

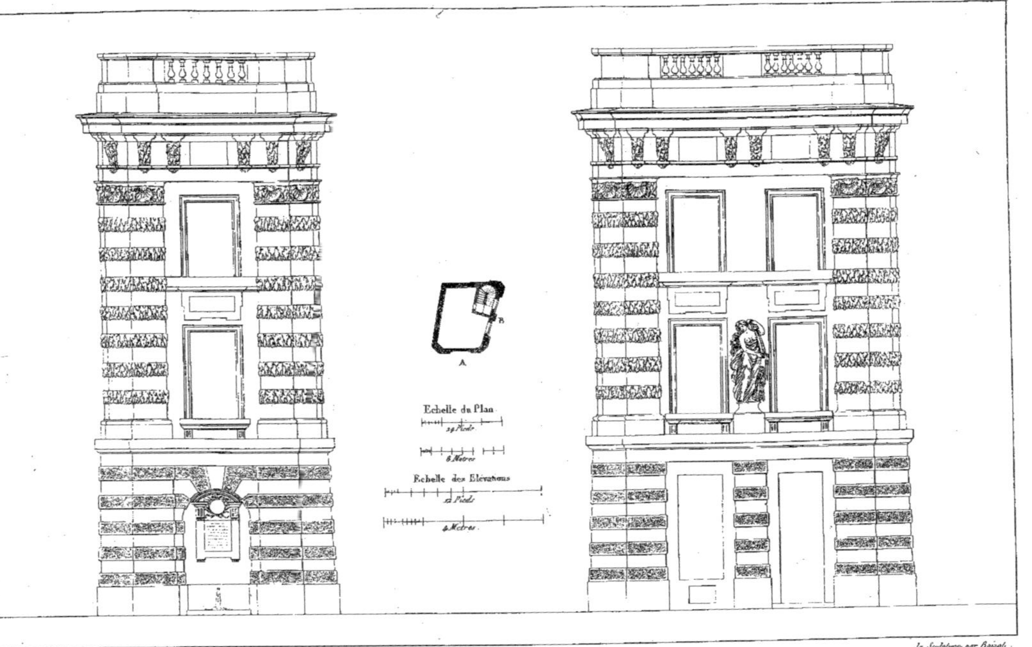

FONTAINE DU TRAHOIR.

A. Côté de la rue de l'Arbre Sec.
B. Côté de la rue S.t Honoré.

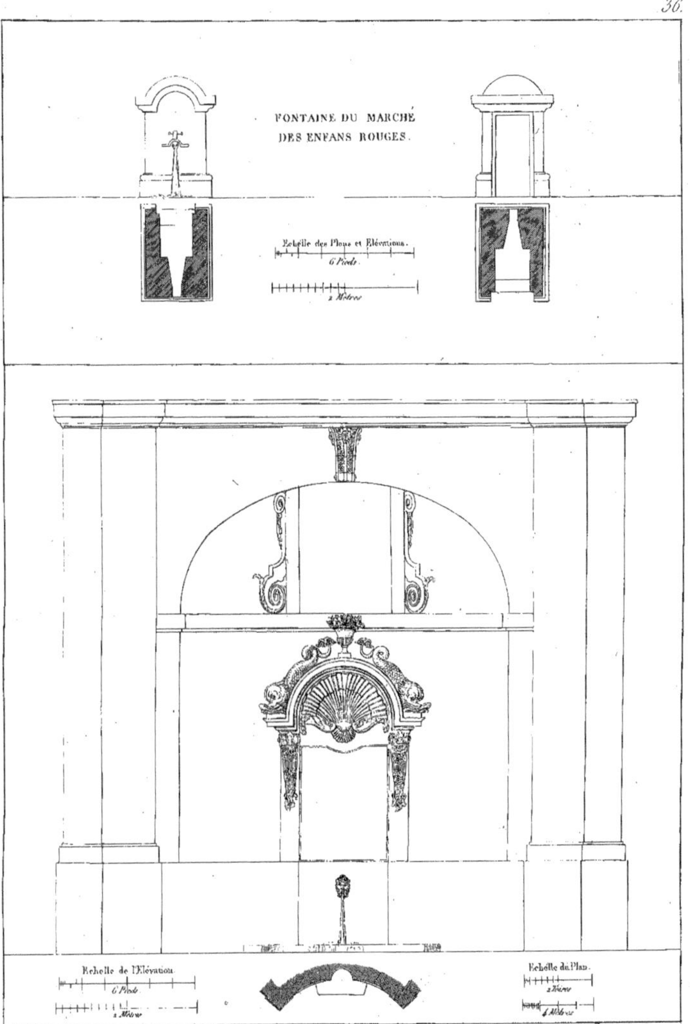

FONTAINE DE L'ABBAYE St GERMAIN DES PRÉS.

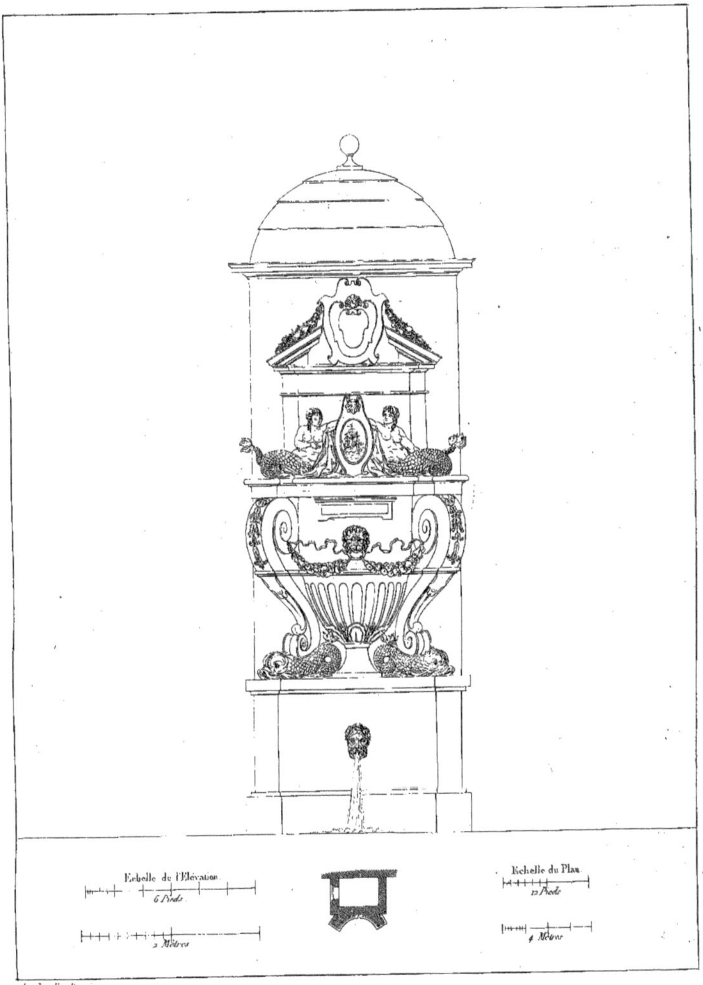

du Cavalier Bernin.

FONTAINE St VICTOR,

au coin des rues St Victor et de Seine.

FONTAINE BOUCHERAT.
au coin des rues de Boucherat et Charlot.

FONTAINE DE BIRAGUE.

Rue St Antoine en face St Louis St Paul.

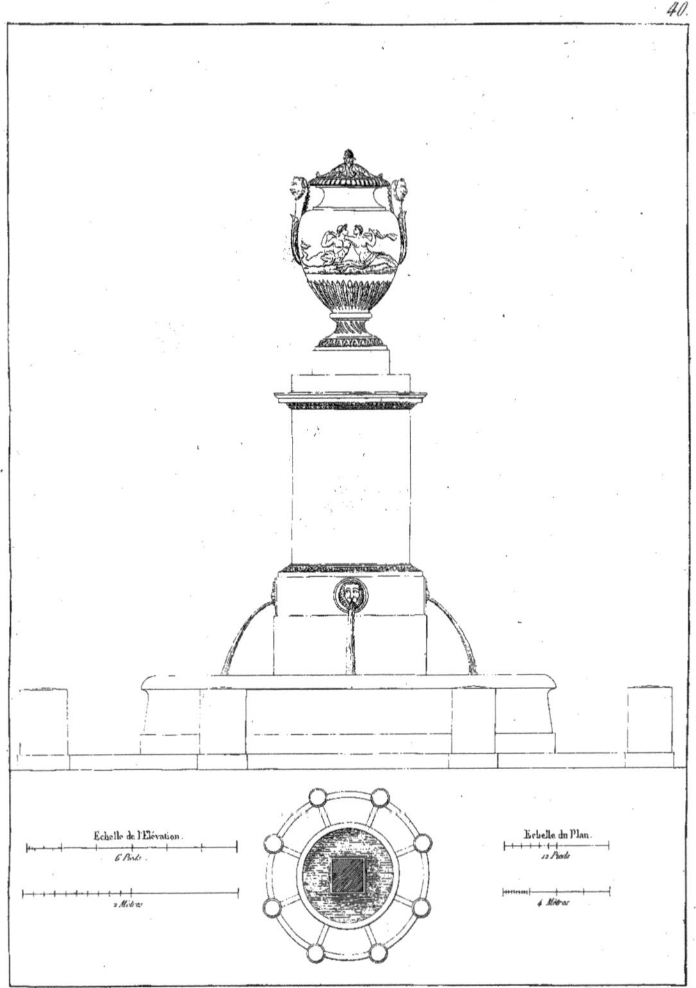

FONTAINE DE LA PLACE DU QUAY DE L'ÉCOLE

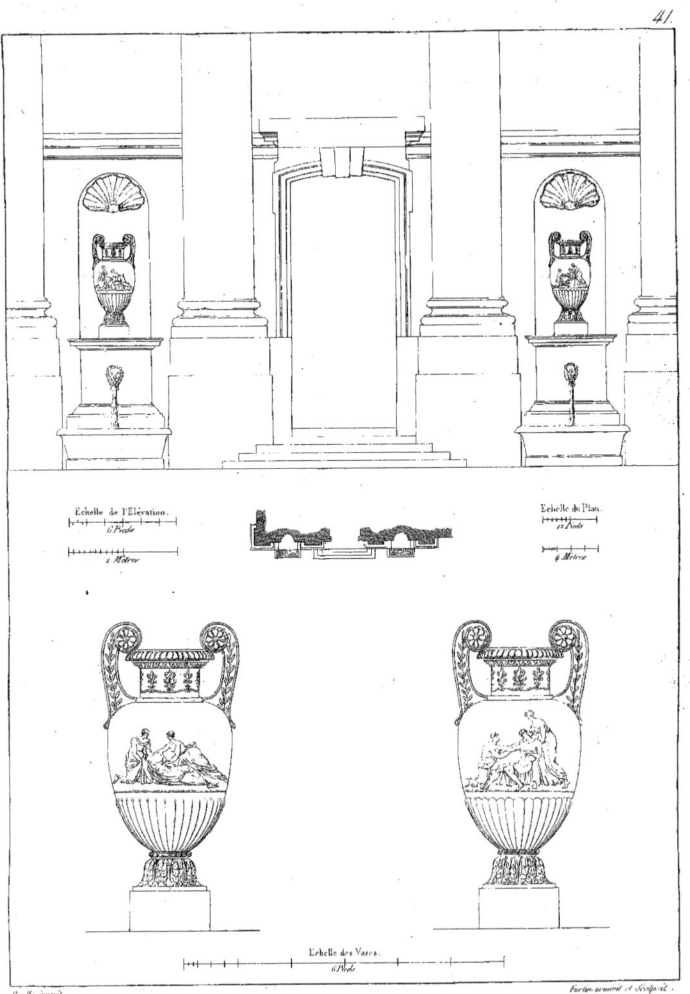

FONTAINE DU PARVIS NOTRE DAME

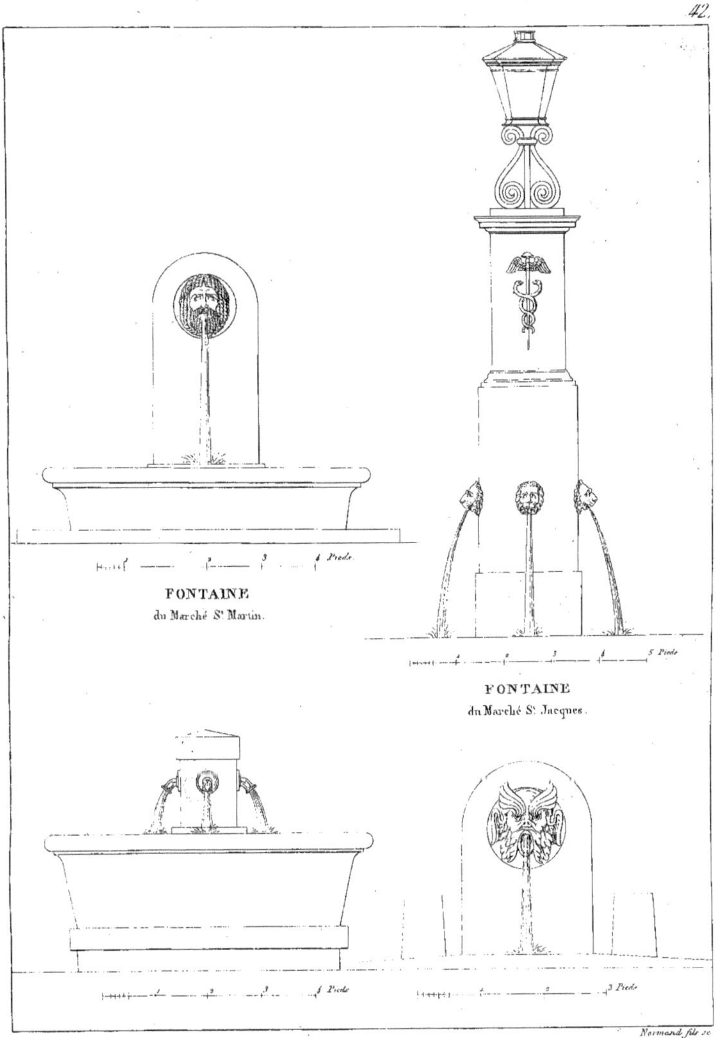

FONTAINE
du Marché St. Martin.

FONTAINE
du Marché St. Jacques.

FONTAINE
du Marché aux Poissons.

FONTAINE
du Marché aux Herbes.

Normand fils sc.

FONTAINE
de l'Esplanade des Invalides.

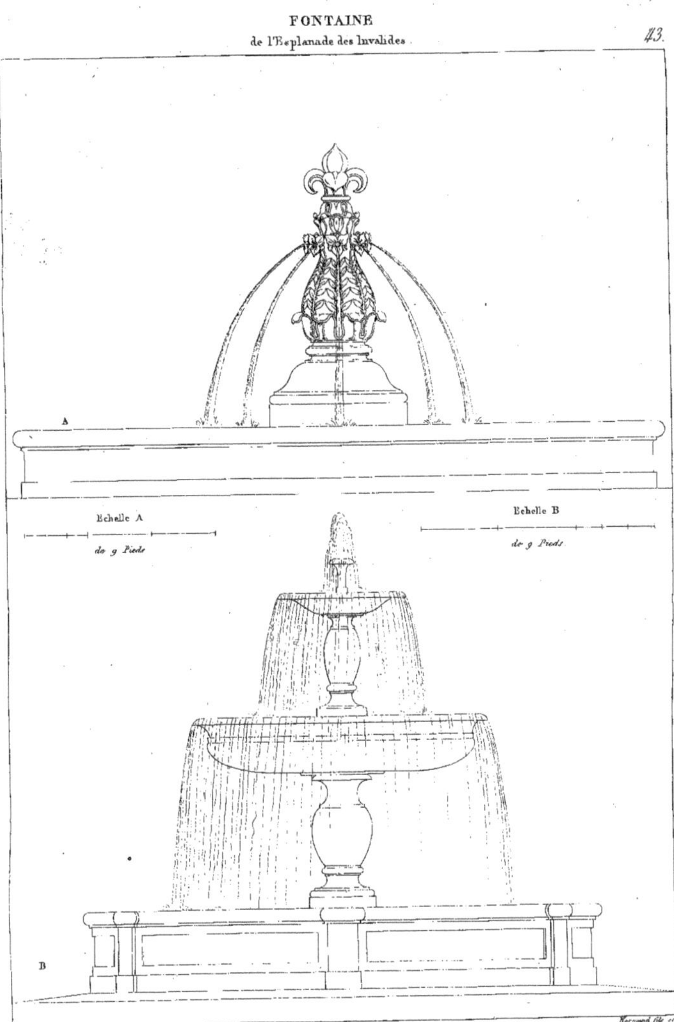

FONTAINE St. GEORGE
Fauhourg Montmartres.

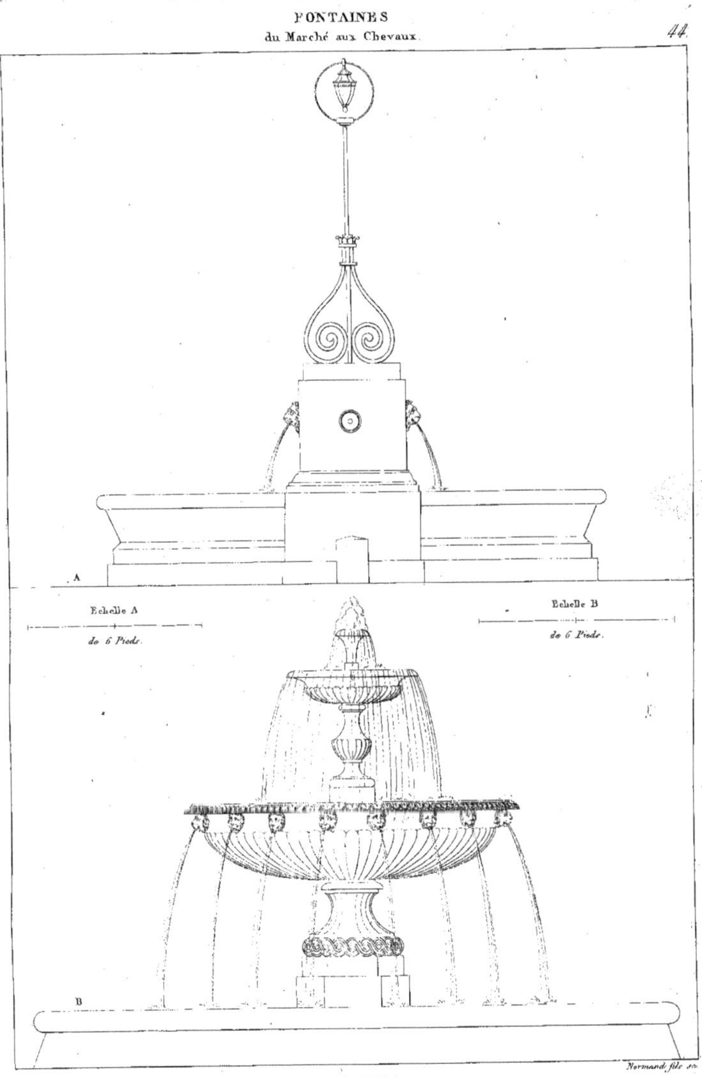

FONTAINES
de la Place Royale.

FONTAINE

de la Place de François Premier.

FONTAINE DE L'ÉLÉPHANT.

FONTAINE DE LA HALLE AUX BLEDS.